Beneficios y utilización de los aceites esenciales

APRENDA Y OBTENGA BENEFICIOS
USANDOLO

Tabla de contenido

¿Qué son los aceites esenciales y realmente funcionan?

Los aceites esenciales se han vuelto bastante populares en los últimos años, pero en realidad han existido durante miles de años. En el pasado, las personas usaban aceites esenciales por muchas razones, desde propósitos espirituales hasta medicamentos. Los aceites esenciales tienen una amplia gama de usos, y aquí hay un poco de información sobre los aceites que se conocen como la farmacia de la naturaleza.

¿Qué son?

Los aceites esenciales son aceites naturales que se extraen de una planta u otra fuente, y que retienen el aroma de la planta de la que provienen. Generalmente se destilan.

Los aceites esenciales se utilizan para una amplia variedad de propósitos, desde difundirlos por su fragancia, hasta aplicarlos e inhalarlos para recibir beneficios para la salud.

Las personas han aportado pruebas anecdóticas de problemas de salud que se han resuelto mediante el uso de aceites esenciales, desde curar problemas de la piel hasta reducir las alergias estacionales y disuadir a los insectos. Para muchas dolencias, hay uno o más aceites que pueden ayudar a resolver el problema. Ha habido mucha evidencia anecdótica de sus beneficios, así como también pruebas que demuestran que son una forma efectiva de lidiar con una miríada de problemas.

¿Cómo los aplicas?

Los aceites esenciales se administran de tres maneras diferentes. Primero, una persona puede inhalarlos aromáticamente. Esto se puede hacer usando un difusor y poniendo varias gotas del aceite esencial particular en agua, o simplemente olfateando el aceite directamente de la botella.

La segunda forma es aplicarlos tópicamente. Hay algunos aceites esenciales que se pueden aplicar directamente a la piel, pero una regla general si no está seguro es poner primero unas gotas en un aceite portador antes de aplicar. Esto puede ser cualquier cosa, desde aceite de oliva hasta aceite de coco, así como cualquier otro aceite portador natural y puro que tenga en la casa.

La tercera forma de usar aceites es ingiriéndolos. No todos los aceites pueden ser ingeridos, y uno debe tener cuidado de tomarlos de manera segura. Si está ingiriendo un aceite, o incluso aplicándolo tópicamente, debe asegurarse de encontrar aceites esenciales que sean puros y orgánicos cuando sea posible. Debido a que están altamente concentrados, un poco ayuda mucho y deben usarse con moderación.

¿Para qué los usa la gente?

Los aceites esenciales se utilizan para una variedad de propósitos, desde el mantenimiento de la salud y el bienestar general, hasta los primeros auxilios y la adición de aroma natural a los productos corporales caseros. Puede usar aceites esenciales en el difusor para ayudarlo a conciliar el sueño o mantenerse alerta. Puede usarlos para ayudar a calmar los nervios agotados y para estimular su sistema inmunológico cuando sea necesario.

Los aceites son útiles cuando se agregan a todo, desde productos de limpieza de bricolaje hasta productos de bricolaje para la piel. Pueden llevarse en su bolso para ayudar a desinfectar las superficies cuando están fuera de casa, y pueden ayudar a limpiar cortes y usarlos en otros accidentes menores. Puede usar aceites esenciales como repelente de insectos y para ayudar a sanar la piel quemada por el sol.

Las formas en que se pueden usar no tienen fin, solo, en combinación y cuando se agregan a otras bases.

Los aceites esenciales son beneficiosos para agregar a su gabinete. Tienen muchos usos para una variedad de propósitos y pueden ayudarlo en caso de necesidad. Comience con algunos y

agregue más a medida que se familiarice
con su uso diario.

¿Los aceites esenciales ayudan a perder peso?

Los aceites esenciales pueden desempeñar un papel importante en cualquier programa de pérdida de peso. Hay muchos aceites que son complementarios a otros cambios en el estilo de vida y se suman para crear efectos sinérgicos. Aquí hay algunos aceites esenciales que son muy valiosos cuando se agregan a cualquier programa de pérdida de peso, y las razones por las cuales.

Limón

El aceite de limón es una gran adición a su viaje de pérdida de peso. Poner unas gotas en un vaso de agua cada mañana y luego beberlo es una excelente manera de beneficiarse de este aceite esencial. Como siempre, al ingerir aceite, asegúrese de estar usando un aceite que pueda usarse aceptablemente con fines dietéticos. Debe comprarse de una fuente confiable, y preferiblemente sería orgánica. El limoneno que contiene el aceite de limón ayuda a disolver la grasa en su cuerpo, por lo que es popular para este uso.

Jengibre

El aceite de jengibre es altamente antiinflamatorio. La inflamación es algo que muchas personas con sobrepeso y obesidad enfrentan como una preocupación adicional. Este aceite mejora la digestión, lo que significa que ayudará a su cuerpo a procesar los alimentos que está comiendo, lo que se sumará a los efectos positivos de pérdida de peso. Puede ayudar a eliminar los antojos de azúcar, que son una desventaja para muchos que luchan con su peso.

Pomelo

El aceite de pomelo siempre ha sido conocido por ser una gran ayuda para bajar de peso, y su aceite esencial no es una excepción. Ayuda a aumentar el metabolismo, lo que significa que su cuerpo puede quemar más calorías en menos tiempo.

La toronja ayuda a "derretir" las células grasas y puede usarse tópicamente para minimizar la aparición de celulitis. Simplemente ponga unas gotas de aceite esencial de pomelo en una loción natural o aceite de coco, y extiéndalo sobre las áreas de su cuerpo que tienen un exceso de celulitis.

Canela

El aceite de canela es muy apreciado por su capacidad para ayudar a reducir el azúcar en la sangre y equilibrar la insulina de forma natural y efectiva. Esto ayuda a su cuerpo a lidiar con cualquier azúcar que pueda ingerir, y evita que lo anhele en primer lugar.

Puede agregar una o dos gotas al aceite de coco y aplicar tópicamente, o ingerirlo agregándolo a una cápsula vegetal. Como siempre, asegúrese de verificar su fuente de aceite esencial de canela y confirme que es de una compañía acreditada que puede demostrar que sus productos son seguros para el consumo.

Menta

El aceite de menta es un supresor natural del apetito, lo que significa que puede ser valioso en tus esfuerzos por perder peso. Si descubre que no puede resistirse a un refrigerio nocturno, mantenga una botella cerca e inhale el aroma profundamente cada vez que surja la tentación de comer con demasiada frecuencia o de comer el tipo incorrecto de alimentos. La hierbabuena también ayuda con la digestión, así que manténgala cerca durante los momentos en que termine disfrutando.

Los aceites esenciales se consideran extremadamente efectivos para ayudar a perder peso. Cualquiera que sea su estilo de vida, dieta y hábitos de ejercicio, los aceites esenciales juegan un papel de ayuda en el resultado final. Pruebe algunos aceites hoy y decida si desea agregar algunos como parte de su estilo de vida saludable.

Hay muchos aceites esenciales que pueden desempeñar un papel importante en nuestra vida cotidiana. Cuando se trata de tratamiento de primeros auxilios, algunos aceites brillan especialmente. Estos son algunos de los aceites esenciales para tener a mano en caso de emergencia.

Aceite de lavanda

Si solo pudieras elegir un aceite para tener a mano en todo momento, el aceite de lavanda ganaría sin dudas. Este aceite es excelente para quemaduras de cualquier tipo, y puede diluirse o aplicarse directamente sobre la herida. Es relajante, por lo que cuando hay una emergencia, ayudará a todos a mantener la calma.

La lavanda es antiviral, antibacteriana, antifúngica y alivia el dolor de forma natural. Fomenta la curación, combate la inflamación y hay una gran lista de otras enfermedades y afecciones que ayuda a combatir de forma natural.

Aceite de árbol de té

El aceite de árbol de té es excelente para desinfectar heridas y es un antiséptico fuerte. Combate infecciones de todo tipo y es una excelente ayuda respiratoria. Si tiene una herida o corte abierto, primero lave bien la herida y luego aplique aceite de árbol de té para evitar que crezca la infección.

Aceite de clavo

El aceite de clavo es conocido por la salud dental. Debido a que las emergencias dentales pueden afectarnos en el momento equivocado, incluso en las tardes o los fines de semana, es aconsejable tener a mano aceite de clavo para cuando sea necesario para aliviar el dolor dental mientras espera una cita dental. Se puede mezclar con un aceite portador comestible como el aceite de coco y aplicar directamente sobre el diente donde experimenta dolor.

Aceite de eucalipto

Este es el aceite que debe estar en su botiquín de primeros auxilios en caso de síntomas repentinos de un resfriado o gripe. Puede ayudar a aliviar los problemas sinusales de muchos tipos. También es útil tener disponible en caso de picaduras de insectos. Está altamente concentrado y puede ser tóxico cuando se expone a demasiado, por lo que siempre debe diluirlo y nunca usarlo directamente de la botella.

Incienso

El incienso es conocido como "el rey de los aceites". Generalmente tiene un precio más alto, pero es una valiosa adición a cualquier kit de primeros auxilios de aceites esenciales. Tiene efectos calmantes que pueden ser importantes en momentos de pánico.

La manzanilla es conocida por ser un analgésico natural. Por esta razón, es útil como aceite estándar en el botiquín de primeros auxilios de cualquier persona. También puede ayudar a calmar la piel, lo que es útil en situaciones como erupciones cutáneas, picaduras de insectos y picaduras de abejas. El aceite de manzanilla también es conocido por tener propiedades antiinflamatorias.

Estos son algunos de los mejores aceites esenciales que puede tener en su botiquín de primeros auxilios. Mucho antes de que ocurra una emergencia, familiarícese con estos aceites, sus usos y las situaciones en las que puede usarlos.

Los aceites esenciales son una sustancia altamente concentrada, así que tenga a mano un aceite portador para los aceites que requieren dilución. Cuando se encuentre en un momento de pánico o ante una emergencia, se alegrará de haberse tomado el tiempo para prepararse con algunos de los mejores remedios de la naturaleza.

Aceites Esenciales para una Piel Más Saludable

Cada aceite esencial tiene muchos propósitos y usos. Y hay varios que promueven la salud y la belleza de nuestro órgano más grande, que es la piel.

Nuestra piel ocupa unos 20 pies cuadrados de espacio, y es la primera capa de nosotros que la gente verá. Queremos mantenerlo en las mejores condiciones posibles, para que podamos lucir y sentirnos lo mejor posible.

Al mismo tiempo, debemos ser extremadamente selectivos con respecto a los productos que ponemos en nuestra piel, porque la piel es porosa y absorbe todo lo que estamos usando. Los aceites esenciales son el equilibrio perfecto, ya que pueden hacer que la piel se vea y se sienta increíble, así como promover la salud en todos los niveles. Estos son algunos de los mejores aceites esenciales para la salud de la piel.

Incienso

El incienso ayuda a curar heridas y ayuda a borrar cicatrices. Es un excelente tónico para la piel, por lo que muchas personas lo agregan a su rutina diaria de belleza al poner unas gotas en crema de noche casera. Las estrías y la piel seca no son rival para este aceite esencial súper antienvejecimiento.

Lavanda

La lavanda es uno de los aceites esenciales más comunes, y la salud de la piel es uno de sus muchos usos. Si ha estado expuesto al sol durante demasiado tiempo y ha desarrollado una quemadura solar, simplemente ponga varias gotas de lavanda en una base de aceite de coco o una loción natural y simple y extiéndalo sobre cualquier parte de su cuerpo que pueda quemarse.

Incluso puede usar este aceite en su cara, aunque como con todos los aceites esenciales, querrá evitar el contacto directo con el área inmediata de los ojos. Los antioxidantes en este aceite esencial te ayudarán a mantener una piel joven. La lavanda ayuda a desterrar todo, desde el acné hasta el eccema.

Ylang Ylang

Este aceite esencial es efectivo para equilibrar los aceites y los niveles de humedad de su piel. Debido a esto, es un buen aceite para incluir en una crema de noche. Su piel conservará su aspecto juvenil con la aplicación regular de aceite de ylang ylang.

Manzanilla

Las propiedades calmantes del aceite de manzanilla se conocen desde hace mucho tiempo. Debido a sus habilidades curativas, a menudo se usa en productos para bebés, como cremas y aerosoles naturales para la dermatitis del pañal. La manzanilla romana es a menudo el tipo utilizado para este propósito porque es una forma más suave de manzanilla, pero la manzanilla alemana también es popular debido a sus propiedades antiinflamatorias naturales.

Las erupciones, cicatrices y manchas de cualquier tipo se minimizan cuando se usa aceite de manzanilla. Simplemente mézclalo con aceite de coco o aceite de onagra, y aplica un poco en cualquier parte de tu cara que necesite un cuidado cariñoso adicional.

Árbol de té

El aceite de árbol de té es popular para usar con la salud de la piel. Uno de los usos más comunes y conocidos es tratar el acné. De hecho, los investigadores australianos hicieron un estudio que encontró que el aceite de árbol de té en una solución del 5 por ciento elimina el acné tan bien como un remedio superior para el acné llamado peróxido de benzoilo. Para ayudar a tratar el acné, mezcle 1 parte de aceite de árbol de té con 20-40 partes de hamamelis y aplique dos veces al día en las áreas de la cara afectadas.

Los aceites esenciales son útiles para mucho más que un aroma agradable. Pueden ser un activo real y una increíble adición a su rutina diaria de belleza. Eche un vistazo a algunos de estos aceites y comience a usarlos para una piel más saludable y de aspecto más joven.

Si tiene ansiedad y estrés, existen muchos remedios naturales que puede usar solo o además de otro tratamiento. Uno de esos remedios para aliviar este estrés es mediante el uso de aceites esenciales. Su sistema nervioso y la química de su cerebro pueden verse afectados por las propiedades de varios aceites esenciales.

Aquí hay algunos aceites que pueden ayudarlo a vencer la ansiedad y el estrés de forma natural.

Lavanda

El aceite esencial de lavanda siempre aparece primero en casi cualquier lista de aceites esenciales. Es multipropósito y uno de los aceites esenciales más fáciles de acceder. Uno de los principales beneficios de la lavanda son sus propiedades calmantes. Es altamente efectivo contra la ansiedad y debería ser un elemento básico en la recolección de aceites esenciales de cualquier persona.

Manzanilla

Este es otro aceite popular para aliviar el estrés. La manzanilla romana se usa para calmar los nervios y promover la relajación. La manzanilla alemana puede aliviar el dolor y tiene propiedades antiinflamatorias, por lo que si sentirse mal aumenta su carga de estrés, esta variedad puede ayudar a aliviar eso.

Ylang Ylang

Ylang ylang tiene un olor único y agradable y es excelente para ayudarlo a relajarse cuando se enfrenta a un período de tiempo largo y estresante en su vida. Es un estimulante del estado de ánimo conocido y tiene la capacidad de elevar sus sentimientos al final de un mal día. Úselo en la mañana, antes de acostarse o en cualquier momento que necesite un estímulo.

Incienso

El incienso es un aceite que se ha utilizado durante miles de años. Tiene un aroma atemporal y se sabe que trae sentimientos de paz, relajación y bienestar a quienes lo usan. Es uno de los aceites más caros, y aunque puede usarse solo, también es efectivo cuando se usa en combinación con algunos de los otros aceites contra la ansiedad.

Limón

Este aceite esencial es brillante y alegre, y perfecto para comenzar un día largo que seguramente incluirá algunos altibajos. Se sabe que afecta el sistema nervioso autónomo de manera positiva. Muchas personas asocian los buenos sentimientos con el aroma de limón, y esto solo es motivo para poner un poco de aceite de limón en su gabinete de remedios naturales.

Cómo usar los aceites

Se ha demostrado que los aceites esenciales ingresan al torrente sanguíneo cuando se inhalan o se aplican tópicamente. Se pueden difundir solos o en una combinación de aceites que se unen para combatir un problema específico, que en este caso es el estrés y la ansiedad.

Los aceites esenciales se pueden diluir con un aceite portador y aplicarse a los pies antes de acostarse para una buena noche de descanso sin preocuparse durante toda la noche. Experimente para encontrar la combinación que ama y que le trae sentimientos de paz. Use cualquier aceite transportador que le guste, ya sea almendra, albaricoque, oliva, coco, aguacate o cualquier otra cosa que tenga a mano.

Los aceites esenciales merecen un lugar en su línea de formas de lidiar con la ansiedad. Recuerde que si ha probado remedios naturales y nada parece ayudar, vale la pena visitar al médico para averiguar si está sucediendo algo que pueda justificar alguna ayuda adicional.

Con la ayuda de aceites esenciales en combinación con cambios saludables en el estilo de vida y la orientación de un médico que esté familiarizado con la forma de incorporar las terapias naturales con las terapias estándar, estará en camino a una salud emocional plena y una vida menos estresante.

¿Qué aceites esenciales debes evitar durante el embarazo?

Los aceites esenciales son un remedio maravilloso y natural para incorporar en muchas áreas de su vida. Sin embargo, son potentes debido al hecho de que son versiones altamente concentradas de las sustancias de las que provienen y, por lo tanto, solo deben usarse con moderación durante el embarazo. De hecho, hay algunos aceites esenciales que no deben usarse en absoluto.

Al igual que con cualquier otra cosa a la que te expongas a ti y a tu bebé durante el embarazo, reúne información para que puedas tomar una buena decisión para tu situación. Para los aceites esenciales que se consideran aceptables, asegúrese siempre de usar aceites esenciales puros, de alta calidad, preferiblemente orgánicos de una fuente confiable. Use solo una gota a la vez, y asegúrese de diluir en un aceite portador si aplica por vía tópica.

Aquí hay algunos aceites esenciales para evitar el embarazo. Esta lista no es extensa, y debe investigar cuidadosamente cualquier aceite esencial que planee usar. Muchos de estos también deben evitarse durante la lactancia, ya que se cree que el bebé está expuesto a lo que sea que esté expuesta su madre lactante.

* El aceite esencial de romero es un estimulante uterino que puede causar contracciones y debe evitarse durante el embarazo. Puede inducir la menstruación y hacer que se agote el líquido del saco fetal de su bebé debido a sus tendencias diuréticas. También tiene el potencial de elevar la presión arterial.

* Clary sage es otro aceite esencial que puede estimular el útero, y aunque una

partera u otra persona que esté entrenada en aromaterapia puede usarlo de manera segura durante el parto, no debe usarse antes de la fecha de parto de su bebé.

* El aceite esencial de menta puede estimular la menstruación y debe usarse con moderación durante el embarazo, y no debe usarse cerca de los recién nacidos, ya que puede causarles problemas respiratorios.

* La citronela es otro aceite que puede estimular las contracciones y merece una mención especial debido a su popularidad como un repelente de insectos efectivo.

* Los aceites esenciales de hoja de canela y jazmín son los que pueden estimular las contracciones, al igual que los aceites de anís, angélica, comino, tomillo y laurel menos conocidos.

Aceites esenciales que pueden causar otros problemas de salud durante el embarazo

* Los aceites esenciales de salvia y rosa pueden causar sangrado uterino y, por lo tanto, deben evitarse durante el embarazo.

* Se cree que el aceite de albahaca pone a los bebés no nacidos en riesgo de desarrollar células anormales y debe evitarse por razones obvias.

* El enebro puede tener repercusiones negativas en los riñones cuando lo usan mujeres embarazadas.

* La nuez moscada es un aceite esencial que no es seguro de usar porque puede interactuar con medicamentos utilizados al nacer con el fin de aliviar el dolor, y la combinación puede causar alucinaciones.

Los aceites esenciales pueden ser una maravillosa adición a un embarazo saludable, y en muchos casos son una opción preferible en comparación con las alternativas. Puede agregarlos al vinagre para hacer productos de limpieza más seguros para su hogar, de modo que no esté expuesto a las muchas sustancias químicas que se encuentran en los productos en el estante. También puede usarlos para relajarse, y pueden usarse para primeros auxilios y muchas otras cosas.

Sin embargo, son potentes y deben usarse con conocimiento y precaución. Con un poco de información sobre qué aceites usar y cuáles evitar, podrá encontrar los que son seguros y adecuados para usted y su bebé en crecimiento.

A lo largo del tiempo, los aceites esenciales se han utilizado por innumerables razones. Hay tres formas principales de usarlos, y es aplicarlos tópicamente, inhalarlos aromáticamente e ingerirlos internamente. Aquí hay un poco más de información sobre las formas en que puede usar sus aceites esenciales.

Aplicación tópica

Una forma de aplicar aceites esenciales es por vía tópica. Algunos aceites esenciales se pueden aplicar sin diluir, pero la mayoría se debe mezclar primero con un aceite portador. Los aceites portadores adecuados incluyen (pero no se limitan a) aceite de almendras, albaricoques, coco y oliva.

La cantidad de gotas en comparación con la cantidad de aceite portador dependerá del uso particular que tenga en mente. Simplemente mezcle la cantidad correcta de aceite portador con la cantidad de gotas de aceite esencial que desee y luego aplique la cantidad que quiera usar.

Los aceites esenciales se pueden aplicar a varias partes del cuerpo. La parte inferior de los pies es un lugar común para frotar la mezcla porque la piel no es tan sensible, los pies tienen poros grandes que permiten una rápida absorción, no hay glándulas sebáceas para frenar la absorción y la reflexología indica que cada línea nerviosa termina en los pies

También puede aplicar aceites esenciales a cualquier área de su cuerpo que necesite tratamiento. Por ejemplo, los aceites de lavanda y ylang ylang se pueden aplicar al abdomen para aliviar los calambres menstruales. El aceite de menta se puede aplicar en las sienes, la coronilla y detrás de las orejas para ayudar a aliviar los dolores de cabeza.

Aromáticamente

Una forma común de usar aceites esenciales es aromáticamente. Hay varias formas de hacer esto. Puede abrir la tapa y oler los aceites esenciales directamente de la botella, o poner unas gotas del aceite deseado en la palma de sus manos y luego frotar e inhalar.

También puede difundir sus aceites esenciales en un difusor especial. Si usa uno que no calienta los aceites, no dañará los aceites. Esto asegura que conservarán su máximo beneficio.

Otra forma de usar los aceites esenciales aromáticamente es llenando un recipiente con agua caliente, agregando varias gotas del aceite deseado, luego cubriéndose la cabeza con una toalla e inhalando el vapor. Esta es una forma común de usar aceite de eucalipto al combatir un resfriado.

No todos los aceites pueden ser ingeridos, así que tenga cuidado cuando se trata de esta forma de administrarlos. Si la marca y el tipo de aceite esencial que está usando no dice específicamente que se puede ingerir, entonces no lo haga.

Para aquellos aceites que se pueden ingerir de forma segura, simplemente puede agregar unas gotas al agua y beber. También puede poner las gotas de aceites esenciales en cápsulas y consumirlas como una vitamina o píldora. Incluso puedes mezclar los aceites esenciales con miel antes de comer.

Estas son las tres formas principales de usar y aplicar aceites esenciales. Todos los aceites tienen reglas específicas sobre cómo deberían y no deberían usarse. Consulte las pautas sobre su tipo y marca de aceite, y asegúrese de seguirlas cuando use los aceites.

Estos diferentes métodos de aplicación le brindarán una variedad de formas de llevar la salud y la curación de los aceites esenciales a su vida diaria.

Cómo elegir un aceite esencial de alta calidad

A medida que crece la popularidad de los aceites esenciales, todos quieren sacar provecho del mercado. Desafortunadamente, esto conlleva el riesgo de que compañías poco éticas intenten ganar dinero rápidamente de clientes desprevenidos y poco sinceros.

Hay ciertas cualidades que debe buscar en las empresas y sus productos al comprar aceites esenciales. Estas son algunas de las cosas que necesita saber para encontrar aceites esenciales seguros y de alta calidad.

Orgánico

Una de las cualidades más importantes que debe tener en cuenta al revisar los aceites esenciales es asegurarse de que las plantas se cultivan orgánicamente. Los productos que son "USDA Organic" han sido certificados como orgánicos por el

Departamento de Agricultura de EE. UU. Debido a que los aceites esenciales están tan altamente concentrados, debe asegurarse de que las plantas utilizadas no se cultivaron con pesticidas y herbicidas sintéticos, que son especialmente dañinos en dosis tan grandes.

Sin diluir

Aunque diluirá la mayoría de los aceites esenciales en un aceite portador, debe comprar sus aceites esenciales puros y confirmar que no están diluidos de antemano. Si el aceite esencial que está usando es significativamente más barato que otras marcas, puede preguntar si se ha diluido o mezclado con otra cosa.

Sus aceites esenciales deben indicar que son 100% puros. A menos que haya comprado intencionalmente una mezcla de aceites esenciales, el aceite esencial debería ser el único ingrediente en la lista.

Nombre en Latin

Nombre en Latin

Su aceite esencial debe etiquetarse con su nombre en latín. Los aceites esenciales pueden provenir de varias especies y necesita saber cuál está comprando. Algunos pueden indicar el nombre simple en el frente del paquete, pero debe incluir las especies en la lista de ingredientes.

País de origen

Los aceites esenciales deben indicar claramente dónde se cultivó el aceite. Si se cultiva en un país diferente al que se vende, debe indicar quién lo ha certificado como orgánico, si es orgánico. Los clientes tienen derecho a saber de dónde se originan sus productos, y cuando las empresas no lo están haciendo saber claramente, deben ser presionados para que realicen los cambios necesarios.

Verifique dos veces las palabras y frases que suenan elegantes

Una compañía puede afirmar que su producto es una serie de cosas, pero antes de que te atraigan las palabras elegantes, descubre quién es el órgano rector que está haciendo esta designación. Palabras como "terapéutico" y "grado A" pueden sonar tranquilizadoras, pero a veces una empresa creará sus propias designaciones y frases con marcas registradas que no necesariamente significan nada en comparación con otras marcas en el mundo de la aromaterapia.

Algunos aceites con estas designaciones pueden ser de alta calidad, pero investigue y no confíe en una frase que le brinde la información que necesita.

La información debe ser fácilmente obtenible

Tiene sentido que toda la información sobre un producto no se ajuste a las botellas pequeñas en las que entran la mayoría de los aceites esenciales puros. Sin embargo, la información importante que busca debe ser fácilmente accesible. Si no es así, debe preguntarse si la empresa está tratando de ocultar algo.

Los aceites esenciales son excelentes para una variedad de propósitos, pero debe asegurarse de estar usando aceites de alta calidad. Al saber qué buscar, puede estar seguro de que los aceites esenciales a los que se expone a usted y a su familia son aceites de gran calidad que lo beneficiarán y mejorarán su salud, tanto ahora como en el futuro.

La vida útil de los aceites esenciales y cómo puede extenderlo

Todos los aceites esenciales tienen una vida útil. Sin embargo, no todas las botellas indican una fecha de vencimiento o "mejor antes", así que si no puede encontrarla, consulte con el fabricante.

Aquí hay algunas reglas generales que puede seguir para determinar si su aceite esencial todavía está bien para su uso, o si debe tirarlo a la basura.

Fechas de vencimiento

Algunos fabricantes de aceites esenciales imprimen la fecha de vencimiento en sus botellas. Esto le da un indicador claro de cuánto tiempo puede usar su aceite. Si está comprando aceites esenciales en la tienda, mire la botella para ver cuándo caduca y elija la botella con la fecha de vencimiento futura más avanzada si no planea usarla rápidamente. Pregunte a las personas en la tienda si hay una manera de encontrar la fecha si no está claramente marcada.

Tenga en cuenta que los aceites que compra no se crearon el día en que los compró, así que trate de comprarlos en una tienda o proveedor que mantenga sus productos en movimiento regularmente. De esta manera, no está comprando un aceite esencial que ya está muy avanzado en el camino al vencimiento.

Si no hay una fecha de vencimiento en la botella, mantenga una lista de todos sus aceites esenciales y cuándo fueron comprados. Esto le permitirá verificar rápidamente cuánto tiempo ha tenido un aceite antes de usarlo cada vez.

Vida útil general de los aceites populares

Cada aceite esencial tiene una cantidad de tiempo determinada antes de que expire.

Hay un rango entre aproximadamente 1 a 6 años dependiendo del tipo de aceite. Aquí se enumeran algunos de los aceites más populares y su vida útil general.

Los aceites esenciales con una vida útil de aproximadamente 1 año son el limón, la naranja y la mandarina. Los aceites con una vida útil de aproximadamente 2 años son la lima, todas las variedades de incienso y el árbol del té. Los aceites que caducan en aproximadamente 3 años son romero, neroli, orégano, melisa, bergamota y tansy azul.

Los aceites en el rango de 4 años incluyen la corteza de canela, cardamomo, menta, ylang ylang, lavanda, geranio, salvia y manzanilla. Los aceites que son buenos durante 6 años o más incluyen madera de cedro, vetiver, sándalo, gaulteria, rosa, mirra, copaiba y jengibre.

De los aceites populares, el pachulí tiene la vida útil más larga, que generalmente es de más de 10 años.

Hay tres factores que hacen que los aceites esenciales pierdan su potencia y efectividad rápidamente. Estos son luz, oxígeno y calor. La mejor manera de mantener sus aceites en las mejores condiciones posibles es combatir estos factores almacenando sus aceites adecuadamente.

Para contrarrestar la exposición a la luz, compre sus aceites esenciales cuando sea posible en botellas de vidrio ámbar (para que la luz no penetre en la botella como lo hace con el vidrio transparente) y manténgalas en un lugar oscuro. Mantenga sus aceites esenciales en un área fresca o en el refrigerador si tiene espacio.

Mantenga siempre los frascos bien cerrados cuando no los use, y no los deje sentados con la tapa abierta por mucho tiempo. Proteja sus aceites esenciales de la contaminación al no usar rodillos que puedan atraer partículas aleatorias a la botella con sus aceites esenciales.

Los aceites esenciales tienen una vida útil específica. Los aceites no se deteriorarán instantáneamente en la fecha de vencimiento, pero en ese momento están en camino de perder su potencia. Aprenda esta información general para saber cuánto tiempo debe conservar sus aceites esenciales y cuándo reemplazarlos.

Los 20 principales aceites esenciales y para qué se utilizan

Los aceites esenciales son excelentes para tener a mano. Se pueden usar para una variedad de propósitos. Aquí hay una lista de los que querrá tener y para qué se pueden usar.

1. El aceite de lavanda es uno de los aceites esenciales más populares. Se puede usar para ayudarlo a dormir mejor y brindarle un alivio rápido cuando tiene una quemadura solar.

2. El aceite de árbol de té es excelente para tener a mano para agregar al vinagre y usar la mezcla para limpiar su hogar. Es antiviral, antifúngico, antiséptico y antibiótico.

3. El aceite de manzanilla es ideal para relajarse. La manzanilla romana es más suave que la manzanilla alemana, por lo

que puede usarse para bebés pequeños, y a menudo se usa en soluciones caseras para rociar pañales para calmar la dermatitis del pañal.

4. El aceite de eucalipto ayuda a mantener la salud respiratoria. Aquellos que sufren de asma, bronquitis e incluso el resfriado común pueden beneficiarse de difundir esto o aplicarlo tópicamente en forma diluida.

5. El aceite de limón es un gran aceite antibacteriano y antifúngico. Si tiene un resfriado, frótelo en las palmas de las manos e inhale. Incluso puede agregar varias gotas a su carga de ropa para ayudar a desinfectarla.

6. El aceite de incienso es excelente para la piel y se usa a menudo en cremas faciales caseras. Se puede aplicar tópicamente en áreas inflamadas y usarse como antiinflamatorio.

7. El aceite de menta puede aliviar el dolor muscular y aliviar el mal aliento. También se puede rociar alrededor de las puertas de su hogar para evitar que entren hormigas.

8. El aceite de clavo tiene propiedades antisépticas y puede usarse para aliviar el dolor dental mientras espera una cita de emergencia con el dentista.

9. El aceite de pomelo es un desintoxicante y se puede diluir y aplicar en áreas del cuerpo cargadas de celulitis para ayudar a liberar toxinas de las células grasas.

10. El aceite de jengibre ayuda a aliviar las náuseas. También se puede diluir y aplicar en áreas dolorosas para experimentar alivio.

11. El aceite de ylang ylang tiene un olor hermoso y a menudo se usa como

perfume natural. También beneficia la relajación y la piel sana.

12. El aceite de cedro se puede usar para aclarar la piel y es un repelente para garrapatas, moscas y mosquitos.

13. El aceite de citronela es un repelente de mosquitos conocido, pero también puede tratar fiebres y dolores de cabeza.

14. El aceite de hierba de limón es un repelente de insectos común, y también puede ayudar con problemas digestivos.

15. El aceite de geranio es excelente para la piel y también ayuda a equilibrar las hormonas.

16. El aceite de naranja ayuda a la circulación y también se puede usar al limpiar su hogar, ya que no es áspero ni daña las superficies.

17. El aceite de lima es beneficioso para difundir cuando necesita mantenerse alerta. Se puede agregar al champú para prevenir problemas del cuero cabelludo como los piojos.

18. El aceite de romero se ha convertido en el aceite ideal para el crecimiento del cabello, al agregarlo a un aceite portador y aplicarlo en el cuero cabelludo.

19. El aceite de mirra es excelente para la salud de la piel y también combate y protege contra los parásitos cuando se ingiere.

20. El aceite de tomillo se usa para la salud respiratoria y es antibacteriano, lo que lo hace ideal para combatir enfermedades o limpiar la cocina.

Si solo pudiera comprar veinte aceites esenciales, estos serían en los que debería invertir. Promueven la salud, la limpieza y trabajan juntos para cubrir una gran variedad de necesidades cotidianas. Comience con algunos y construya su colección a medida que los use más y más.

ALGUNAS IMAGENES

Imágenes obtenidas a través de la pagina de pixabay

Libres de derecho de autor

https://pixabay.com/